UN

PROGRÈS SOCIAL

LA VIE

A

BON MARCHÉ

POUR LES

PAUVRES

PAR

HONORÉ

PARIS

CHEZ L'AUTEUR

2, QUAI DES CÉLESTINS, 2

1889

$\mathcal{A}$

DE LA PART DE
L'AUTEUR

Mémoire Descriptif

DÉPOSÉ

A L'APPUI DE LA DEMANDE

D'UN

BREVET D'INVENTION

DE QUINZE ANS

Formée par le sieur

CHOUET, (Jean-Claude-Louis), dit HONORÉ

Professeur à Paris, Quai des Célestins, n° 2,

POUR LE

MOYEN D'AVOIR

UN

POT-AU-FEU

TRÈS ÉCONOMIQUE

ET DES

VIANDES

A BON MARCHÉ

POUR

L'ARMÉE, LA MARINE

ET

LE PEUPLE

———

NOUVEAU PROCÉDÉ

de

Conservation des Substances Alimentaires

et

AUTRE MODE

d'Exploitation Commerciale

———

Préliminaires historiques

Lorsque, en 1864, j'ai commencé mes expériences pour la conservation des substances alimentaires, c'était à la suite des réflexions que les faits suivants venaient de me suggérer.

———

1°. — Dans la dernière moitié du siècle dernier, quand on a commencé à pressentir la paléontologie, on rencontrait parfois, dans les régions glacées du nord de la Sibérie, des ossements d'animaux antédiluviens qui portaient encore des lambeaux de chair. On ne pouvait, alors, croire à la réalité de ce qu'on avait sous les yeux. Mais en 1799, on n'eut plus aucun doute : On vit, dans une montagne de glace, sur les bords de l'océan Glacial, près de l'embouchure de la Léna, apparaître, non plus des os décharnés, mais un animal entier. Après cinq années, la glace fondue peu à peu laissa voir la laine, les crins, le cuir et la chair d'un *Elephas primigenius*. La bête était recouverte d'une laine rougeâtre extrêmement abondante, et de crins noirs et raides, longs de $0^m,40$ à $0^m,45$, réunis sur le cou, en formant une sorte de crinière. C'était un individu des plus beaux de la race des *Mammouths*..... dont les hypothèses et les données de la science actuelle font remonter l'existence à la période quaternaire primitive, et peut-être même à l'ère tertiaire, c'est-à-dire à un nombre incalculable de millions d'années, et cependant : *la chair de cet animal s'était conservée* **dans la glace.**

Le squelette de ce gigantesque Mammouth, qui porte encore desséchées une partie des chairs de la tête, fait, depuis longtemps, l'étonnement et l'admiration des visiteurs du Musée de Saint-Pétersbourg.

Vers 1848, on fit une seconde découverte, presque identique, c'est-à-dire, pour le but dont je veux parler ici, de : *chairs conservées par la glace.*

———

2°. — Au mois d'août 1820, le D' Hamel, conseiller à la cour de Russie, et qui voyageait aux frais du gouvernement russe, pour se livrer à des études sur la physique du globe, s'était rendu, avec un bagage d'instruments d'observation de toutes sortes, à Chamonix, pour tenter d'escalader les sommets du mont Blanc. Il était accompagné de deux gentilshommes anglais, M. Dornfort et le colonel Gilbert Henderson. Ils s'adjoignirent douze guides sous le commandement de Marie Coutet, le plus expérimenté. La caravane partit de Chamonix *le 18 août* 1820, à six heures du matin. Elle s'arrêta aux *Grands-Mulets* pour y passer la nuit, mais la pluie et la neige survinrent, il fallut y séjourner et y passer encore la seconde nuit. Le surlendemain, la prudence conseillait de redescendre, mais le docteur s'obstina, et, en frappant du pied, traita de *lâches* ceux qui ne voudraient pas le suivre. On se remit en marche, on gravit sans trop de peine le dôme du Goûter, et l'on arriva ainsi au grand plateau, qui se trouve à la base de ce que les guides nomment *la calotte du mont Blanc*. Mais, au pied de la dernière pente de neige qui mène à l'extrême altitude, se trouve béante une immense crevasse de glace, de 20 mètres de largeur sur 50 de profondeur. Les ascensionnistes marchaient à la file les uns des autres, c'est ce qui occasionna la catastrophe. En avançant sur une seule ligne, ils tranchaient, comme avec une charrue, la neige récemment tombée qui n'avait pas encore contracté d'adhérence avec les neiges anciennes. Ainsi divisée par une longue section la portion de neige que gravissait la caravane, se sépara tout d'un coup, et glissa sur la neige ancienne. Alors tous les voyageurs roulèrent avec la couche de neige sur le talus à la base duquel s'ouvrait l'abîme de l'immense crevasse. La neige n'avait pas un mètre d'épaisseur, mais l'avalanche, qui s'était formée, avait une longueur d'environ un kilomètre sur 70 mètres de largeur.

Les trois premiers guides, qui marchaient en avant, Pierre Carrier, Pierre Balmat et Auguste Teiraz furent précipités dans l'abîme. Julien Coutet et Marie Coutet, lancés par une impulsion plus violente, eurent le bonheur de dépasser le précipice et d'aller tomber dans une autre crevasse, heureusement peu profonde et à moitié remplie de neige, d'où ils purent être tirés. Les autres guides, les deux Anglais et le Dʳ Hamél restèrent au bord du gouffre, par un bonheur providentiel. Ils avaient roulé sur eux-mêmes d'une hauteur de 100 mètres.

On fit tous les efforts possibles pour retirer les trois guides engloutis dans la neige au fond de la crevasse. Ce fut en vain. Les malheureux devaient avoir au moins 50 mètres de neige sur la tête. Il fallut renoncer à une recherche reconnue inutile. On fut forcé de les abandonner.

Voici maintenant le dernier épisode de cette catastrophe : Le 15 août **1861,** c'est-à-dire après quarante et un ans, un guide de Chamonix trouva sur le glacier des Bossons deux crânes avec leurs téguments, un bras avec la main adhérente, *le tout revêtu de* **chairs sanguinolentes.** Des débris de sacs, d'étoffe de veste, etc., ne permirent pas de douter que ces restes humains avaient appartenu aux deux guides Pierre Carrier et Pierre Balmat. Et, enfin, le 1ᵉʳ juillet **1863,** c'est-à-dire après quarante-trois ans, le glacier des Bossons apportait un nouveau débris humain : c'était un pied, *recouvert de ses chairs* et de ses ongles, adhérant encore par les tendons au tibia décharné. A côté de ce pied était une boussole, probablement celle du Dr Hamel, que portait le guide Auguste Teiraz.

Ainsi donc : des chairs des trois victimes de l'escalade du mont Blanc, du 18 août 1820, avaient été, pendant plus de quarante ans, conservées fraîches, **par le froid.**

3°. — Au mois de janvier 1861, durant l'instruction de l'affaire Dumollard, l'assassin des servantes de Lyon, les investigations de la justice ont porté sur la recherche des cadavres des nombreuses victimes qui avaient été enterrées nuitamment depuis la Croix-Rousse jusqu'à Balan, surtout dans les environs de Montluel. Or, le 20 janvier, dans le bois des communes, non loin de Montluel, les magistrats, guidés par l'assassin, firent déterrer le cadavre de la nommée Marie-Eulalie Bussod. Le corps était entièrement nu, et *en parfait état de conservation.* La victime portait deux blessures à la tête. Elle avait été assommée ou étourdie. De l'avis des médecins, présents à l'exhumation, elle avait pu être enterrée encore vivante, après avoir été violée. Mais pourquoi ce cadavre a-t-il été trouvé en parfait état de conservation? Il a été observé qu'il se trouvait dans de la terre glaise compacte, qui le moulait en quelque sorte, en le mainte_nant, à une basse température, à l'abri des influences de l'air atmosphérique : **c'était de l'enrobage.**

De ces trois faits indiscutables, j'ai conclu : *qu'il y avait trois moyens de pouvoir conserver des Viandes fraîches : 1° par la Glace ; 2° par le Froid ; 3° par l'Enrobage.*

En 1864, je ne voyais aucune application pratique de la conservation des viandes par la Glace, ou par le Froid, sinon pour garder intactes, pendant quelques jours, des viandes de boucherie, ou des poissons. Je ne prévoyais pas la spéculation du *Frigorifique* d'aller chercher des viandes à bon marché dans la République Argentine pour les amener à Paris, ni les appareils réfrigérants pour conserver à la Morgue, certains cadavres pour la découverte de leur identité, ou pour les investigations de la justice. Mais, j'ai pensé, par déduction, de la matière animale à la matière végétale : *que le Froid pouvait être un excellent moyen de conservation des Fruits, des Légumes et des Céréales,* et j'ai commencé mes expériences pour ce but à atteindre.

J'ai néanmoins voulu m'assurer, si : *l'Enrobage des viandes crues* pouvait être pratiqué pour l'usage de la marine et des armées. Je n'ignorais pas que des tentatives avaient déjà été faites. Je savais qu'on avait essayé d'enrober les viandes avec de la gélatine, substance animale, qui, bien que peu sensible aux effets de l'atmosphère, n'en est pas moins putrescible, et que l'administration de la Guerre et celle de la Marine avaient soumis à une épreuve positive des viandes conservées par ce procédé. « Une provision de viandes, préparées sous les yeux d'un représentant de la Société, a été mise dans des caisses et chargée à bord d'un navire qui se rendait à Constantinople. Au retour des caisses on procéda à leur ouverture, mais, dit M. Payen, l'examen fut, en quelque sorte, rendu inutile, car dès avant l'ouverture des caisses, le résultat, non douteux de l'expérience, se manifestait à distance de chacune d'elles, par des émanations nauséabondes, sur lesquelles il était impossible de se méprendre. »

(Aujourd'hui même, janvier 1889, les procédés de conservation ne sont pas encore parfaits, car le journal *la France* rapportait, ces jours derniers : « qu'une intendance militaire venait d'envoyer à Marseille 93 barriques de viandes avariées, dont les employés de l'octroi constatèrent la corruption. Ces barriques furent expédiées à Toulon et débarquées sur les quais du port. Par suite d'une lettre dénonciatrice, la police se présenta. Plusieurs des barriques étaient découvertes ; elles répandaient une odeur infecte et la vermine courait sur ces viandes dé conserve. Leur saisie a été opérée, afin de pouvoir procéder à leur enfouissement.)

Cela est pour dire, que : *l'Enrobage des viandes crues n'est pas un excellent moyen d'assurer leur conservation.* Je m'en doutais bien en 1864, aussi n'ai-je fait des expériences que par pure curiosité. Elles n'ont abouti à rien, mais c'était pour arriver à la conservation des fruits et à d'autres conservations. Laissant de côté la gélatine, le sucre, la glycérine, etc.... j'ai enrobé, au risque d'avoir une croûte à enlever, avec du collodion normal ;... avec du verre fusible ;... même en plongeant dans du goudron liquide, et en rebouchant, au pinceau, avec du vernis, les petits orifices produits par les gaz renfermés ;... enfin, même avec de la résine arcanson dissoute dans l'alcool-méthylène. Tous ces enrobages ont été nuls, parce qu'il ne m'a pas été possible de *maintenir les préparations à une très basse température.*

J'ai, alors, cherché à louer une glacière. Je suis allé m'enquérir des anciennes glacières de la rue de la Glacière ; elles étaient abandonnées. J'ai visité celles de la Ville de Paris, au bois de Boulogne ; il ne fallait pas y penser. J'ai cherché une glacière particulière dans un des parcs des châteaux des environs de Paris, je n'en ai pas trouvé. Enfin, après avoir pris, le 29 juillet 1865, le brevet n° 68237, pour : *des Procédés de conservation des Fruits, des Légumes et des Céréales* **par le Froid,** j'ai été faire mes expériences à Saint-Martin-de-Brethencourt, canton de Doudan, Seine-et-Oise, dans les sources très froides de la propriété de feu M. Périneau. Malheureusement ces sources, d'une température constante de 11 degrés, n'étaient pas encore assez froides. Les expériences n'ont pas réussi. Si bien qu'au mois d'octobre j'ai payé *une cerise,* de seconde récolte, **cinq francs.** C'était d'un espalier, bien abrité et bien chauffé, du jardin de Mme Troyon, boulevard Rochechouart, la mère du célèbre peintre paysagiste et d'animaux, qui était mort depuis peu de temps. M. Chevet, du Palais-Royal, après avoir lu mon brevet, m'avait dit : « Je crois que vous êtes dans le vrai, et que l'on peut, comme vous l'expliquez, conserver les fruits par le froid. Apportez-moi une cerise, au mois de février, je vous donne vingt-cinq mille francs, et je suis votre associé. » Voilà pourquoi j'ai tant insisté pour posséder cette cerise, de seconde récolte, qu'on ne voulait pas me céder. Je l'ai cueillie avec précaution, je l'ai déposée délicatement sur le coton d'une boîte à bijou. J'ai fait minutieusement la préparation..... Au mois de février, elle avait une très belle apparence, on voyait encore son velouté, son pédoncule n'était pas desséché,..... mais le fruit avait un goût acide..... Le résultat n'était point obtenu... J'ai supposé que la cause en provenait de ce que : *je n'avais pu maintenir la cerise à une température peu élevée au-dessus de zéro.* Elle était dans du sable blanc extrêmement fin. — Et cependant, je procédais d'après un précédent, une expérience personnelle. Dans ma jeunesse, me trouvant encore dans ma famille, j'avais, une fois, pendant les vendanges d'octobre, par curiosité et aussi par gourmandise, détourné un plein panier de beaux raisins de choix, que j'ai placés, en lieu obscur, dans des cendres bien tamisées; or, au mois de mars et au mois d'avril, j'ai constaté leur parfait état de conservation, et toutes les personnes qui, avec moi, les ont mangés, les ont trouvés délicieux. Eh bien! il n'en a pas été de même des raisins et des pêches, qu'en 1865, j'avais placés dans du sable blanc très fin, que j'avais, au préalable, bien fait sécher dans une étuve. C'était là mon apprentissage : il a été long, et il m'a coûté cher.

Maintenant, je sais conserver une quantité de substances alimentaires, comment il faut s'y prendre pour les soustraire aux influences de l'air, de l'humidité et de la chaleur.

Mes procédés sont différents des moyens connus. S'ils étaient exploités, ils pourraient rapporter une grande fortune. Malheureusement, pour monter cette nouvelle industrie, il faudrait de grands capitaux, que je n'ai pas. C'est à cause de cette pénurie que je m'abstiens de divulguer mes expériences, que, du reste, je n'ai pas à faire connaître ici, puisque ce Brevet n'est que pour indiquer : *le Moyen d'avoir des viandes et des aliments, à bon marché, pour l'Armée, la Marine et le Peuple.*

Quant à la conservation des viandes crues, au moyen du froid, le problème a été résolu par M. l'ingénieur Charles Tellier, dans son usine frigorifique d'Auteuil.

Les expériences se sont prolongées du 29 novembre 1873 au 7 juillet 1874. Elles ont été concluantes. Après cela : Le navire *le Frigorifique* est parti de Rouen pour la Plata, le 23 août 1876. A son voyage d'aller, il a conservé la viande pendant 110 jours, à l'état absolument frais. C'est ainsi qu'on a pù manger à Rio-Janeiro, à Montevideo et à Buenos-Ayres, de la viande tuée plusieurs mois auparavant dans les environs de Paris, et cette viande était aussi fraîche que si elle sortait de l'abattoir. Au retour du *Frigorifique,* ce sont les Parisiens qui ont mangé de la viande tuée à Buenos-Ayres, à Montevideo et à Rio-Janeiro. Cette viande avait de 85 à 90 jours. Malheureusement, si le résultat scientifique était indéniable, la spéculation commerciale devait être abandonnée. Les viandes ont été vendues aux Halles, à un prix au-dessous des cours ordinaires, mais elles revenaient, a-t-il été dit, à soixante francs le kilogr. Aussi, la Société du *Frigorifique* ne s'est-elle plus préoccupée que de sa liquidation, et le navire a été vendu.

Explications

Il s'agit ici d'un procédé de conservation de toutes les substances alimentaires qui n'a aucun point de rapport, au point de vue de l'exploitation, avec les différents procédés qui ont été indiqués, proposés ou décrits par MM. Darcet, Payen, Boussingault, Schnepp, ni avec ceux qui ont été expérimentés et mis en exploitation par MM. Lamy, Appert, Bouet, Doucin et autres inventeurs qu'il est inutile de nommer; jusqu'aux tentatives, absolument exactes, au point de vue scientifique, mais non assez pratiques pour une vaste exploitation, de M. Delignac et du *Frigorifique.* Enfin, ce procédé n'est point non plus un de ceux que l'on exploite dans les *saladeros* de la Plata, ni le procédé de l'extrait de viande de la Compagnie Liebig, des usines de Fray-Bentos.

Le but scientifique à atteindre, ainsi que je l'ai déjà dit dans le brevet n° 68237, du 29 juillet 1865, consiste à soustraire les aliments aux influences de l'oxygène de l'air. Mais il ne sera question ici ni de la basse température, qui serait le meilleur de tous les procédés s'il pouvait être pratiqué industriellement, ni de la dessiccation, ni de la salaison, ni de la demi-cuisson, comme avec le procédé Appert, ni de l'enrobement des substances par de la gélatine ou autres préservatifs de l'air, ni du coaltar ou autres agents destructeurs des ferments organiques, ni de la fumigation ordinaire, pour avoir une patine de créosote ou de la fumigation par l'acide sulfureux, ni d'injections d'antiseptiques, ni même de saumures aromatisées, comme M. Delignac l'a conseillé, d'après le principe du procédé Boucherie pour l'injection des bois, ni de la saumure de suie, ni du fer porphyrisé maintenu sous une couche d'huile, ni de charbon de bois pulvérisé, ni de plombagine, ni de collodion, ni de silicates, ni d'alcool, ni de sucre, ni d'os calcinés et pulvérisés, ni de poussière d'anthracite, ni même du procédé écossais, qui est un perfectionnement du procédé Appert, mais avec lequel les viandes peuvent être conservées fort longtemps sans altération.

Tous ces divers procédés ne peuvent permettre une vaste exploitation industrielle. Or, *le but que je me propose,* **c'est de pouvoir nourrir,** *d'une manière très économique,* **une nombreuse armée, une nombreuse flotte et le peuple.**

Laissant donc de côté tous les procédés particuliers : la conservation des viandes de boucherie, pour quelques jours, par les auberges, les fermes et les châteaux très éloignés des centres de population ; la conservation des poissons et des gibiers en les entourant de morceaux de glace ou de poussier de charbon ; et même les procédés industriels que l'on emploie pour faire les *conserves alimentaires* pour l'usage de la marine, des armées, des touristes, des explorateurs et du commerce des choses de consommation.... Ne pensant même point à une industrie qui pourrait être créée à l'instar de la fabrication des *carne seca,* ou *tasajo,* ou *charqui* de la République Argentine, pas plus qu'aux usines de la Compagnie Liebig, pour ses *extraits de viande,* j'embrasse, du regard de mon imagination, un plus vaste horizon d'exploitation, et je m'élève assez haut pour comprendre **un système qui pourrait en quelque sorte,** *et pour à tout jamais,* **préserver l'humanité tout entière des souffrances de la faim,** *en lui faisant mettre en magasin, en dépôt, en réserve, et, commercialement, à très bon marché,* tous *les aliments qui servent à sa subsistance.* A l'exception, toutefois, des fruits (dont j'ai parlé en 1835) et des liquides, boissons simples ou spiritueuses, dont je n'ai pas à me préoccuper ici. Mais tout le reste : le pain, même les différentes sortes de pain ; les viandes de cheval, de mulet, d'âne, de bœuf de vache, de veau, de porc, de mouton, de chèvre, de chevreau, de chien, de chat, de lapin ; de tous les gibiers, de tous les volatiles de basse-cour ; de tous les poissons, de tous les oiseaux ; les graines de toutes les céréales et tous les légumes que les hommes peuvent récolter sous les différents climats de notre globe. Tout, en un mot, ce qui sert à nous nourrir, à notre alimentation, à nous sustenter, (à l'exception des fruits, des vins, des liqueurs et des huiles), va pouvoir être conservé indéfiniment par les moyens que je vais dire.

Le pain serait fait sur place, dans les pays à blé, mais toujours avec la plus pure farine des meilleurs froments. Il serait ensuite exporté en tablettes, comme je l'expliquerai. Le bon pain de Marseille, et surtout celui de la ville d'Aix, (laquelle se transformerait presque subitement en une grande manutention), pourrait donc être expédié dans toute la France et à l'étranger.

Les viandes seraient préparées dans les pays d'élevage. afin de ne pas avoir à faire voyager les animaux et de pouvoir les prendre, pour les abattre, toujours dans leur état de santé le plus florissant.

Je ne veux pas insinuer ici que, si mon système se généralisait, il n'y aurait plus ni boulangers ni bouchers. Non ! Les choses établies resteraient ce qu'elles sont ; mais les ouvriers pauvres des villes et les paysans malheureux, qui ne peuvent aller souvent dans les boucheries, pourraient acheter, à très bon marché, des viandes qui leur arriveraient d'une autre provenance. Les différentes sortes de pain des boulangers et les viandes de premier choix resteraient toujours à la disposition des gens riches, des familles aisées et des ménages bourgeois ; mais, si mon système arrivait à une grande extension d'exploitation, il aurait pour conséquence de faire baisser les prix actuels des viandes, des poissons, des gibiers et des volailles, attendu que l'armée et le peuple se pourvoiraient d'un autre côté.

Dans toutes les *tablettes* qui seront préparées, soit pour l'armée, soit pour la marine, soit pour être livrées au commerce, il y aura toujours un mélange étudié, et calculé dans les meilleures proportions voulues, de substance azotée et de substance non azotée, afin de faciliter les phénomènes de la digestion, et, par suite, ceux d'une assimilation la plus nutritive possible.

Car *mon procédé, différent de tous les procédés connus jusqu'à ce jour, n'a point pour but de conserver les substances alimentaires en leur état naturel,* mais **cuites et assaisonnées juste au point où il conviendrait de les servir à table.** Cependant, je puis dire que les condiments qui ne plaisent pas à tous les goûts : le poivre, les autres fortes épices exotiques, les oignons, etc., seraient omis dans les préparations culinaires. Chacun les ajouterait, selon ses goûts, au moment des repas.

Le bœuf du pot-au-feu serait mis en préparation au moment où il est temps de le retirer de la marmite. Les biftecks, les rosbifs, le veau braisé seraient mis en conserves en l'état où il conviendrait de les manger. Les viandes des gigots, des côtelettes, des ragoûts, des lièvres, lapins, dindes, oies, poulets, etc., seraient mises en tablettes aussitôt qu'elles se trouveraient cuites à point. Le riz au gras, d'une poule au riz, serait également pris au moment où il est bon à servir. Il en serait de même des pommes de terre des ragoûts de mouton, des flageolets sautés, des pommes frites, des pommes au lard, des purées de pois, des lentilles,... et ainsi de tous les aliments qui sont préparés dans les cuisines françaises.

Mais quelle installation faudrait-il pour une **cuisinerie** semblable?... J'avais d'abord pensé à une suite de hangars vitrés, formant comme un ensemble de galeries, ou de travées, où je percevais ; la travée de la farinerie, etc., la travée de la boucherie, celle de la dépecerie, etc., la travée de l'éplucherie des légumes, la travée de la préparation des viandes, la travée des pot-au-feu, la travée des viandes bouillies, la travée des viandes rôties, la travée du riz au gras, la travée des pâtes d'Italie, la travée des pommes de terre, la travée des autres légumes, la travée des égoutteries, la travée des distilleries des bouillons, la travée des pressureries, la travée des découperies, (en tablettes), la galerie de la dextrinerie, la galerie des sécheries et étuveries, la galerie de l'empaqueterie et de l'étiquetterie, la galerie des emmagasineries et étalageries, et enfin le hangar des expéditions, et, pour terminer, la salle des ventes au comptant.

Je plaçais la *première cuisinerie française,* pour l'usage de l'armée, de la marine et du peuple, sous la protection des canons de la forteresse du mont Valérien, dans la direction de l'avenue de la Grande-Armée; mais au delà du monument de la défense de Paris, la salle des ventes, d'une haute hardiesse monumentale, et en demi-cintre, à cheval sur le chemin de fer de Versailles, et les galeries ou travées rayonnant de ce demi-cintre jusqu'au loin, sur les territoires de Puteaux, de Courbevoie et de Nanterre; mais à l'extrémité des travées, et au delà de la galerie des boucheries, se trouveraient des parcs à bœufs, des parcs à moutons, enfin seraient établis des parcs de repos et de réserve pour tous les animaux que l'on achèterait au grand marché de La Villette, ou mieux encore, pour économiser les frais, que l'on ferait arriver directement par la Seine et par les chemins de fer, sans passer par Paris, à une station spéciale de débarquement qui serait établie à Courbevoie, à côté de la route de Bezons, parce que les animaux amenés par la Seine seraient débarqués non loin du pont de Bezons.

Voilà quel était mon plan primitif, mais une *cuisinerie* pour toute la France ne suffirait pas. J'ai réfléchi qu'il vaudrait mieux garder cette première cuisinerie pour Paris et la région du Nord, et d'avoir d'autres cuisineries à travers la France, à peu près comme ceci : une deuxième cuisinerie pour la région de l'Est, sous la protection de la place de Langres, dans les premiers vallons sous le plateau, par exemple à Aprey, pour les animaux que l'on y amènerait des dix ou douze départements de cette région. Les animaux seraient achetés sur pied, au poids. Des circulaires qui, de temps en temps, seraient affichées dans toutes les communes de ces départements, feraient connaître aux éleveurs et cultivateurs à combien serait payé le kilogramme de tel ou tel animal. Des parcs de repos, de pâturages et d'engraissement des animaux seraient établis dans tous les vallons des environs, car cette cuisinerie arriverait à avoir une très grande importance pour le ravitaillement de l'armée, qui peut avoir, dans un temps plus ou moins éloigné, à nous préserver de l'invasion tudesque dont nous sommes menacés. Les produits de l'importante cuisinerie d'Aprey divergeraient sur Dijon, Besançon, Langres, Épinal, Toul, Nancy, etc., pour de là être envoyés à destination aux corps d'armée ambulants.

Une troisième cuisinerie serait établie sous la protection des forts de Lyon. Une quatrième dans les environs d'Arles, avec les animaux de la Crau et de la Camargue, et dont les produits serviraient surtout pour les approvisionnements des navires de guerre de Toulon et ceux des navires du commerce de Marseille, qui auraient également recours aux produits de la cuisinerie de la Corse.

Une sixième cuisinerie serait établie en Normandie, pour les approvisionnements du Havre, et surtout de Cherbourg. Une septième en Bretagne, pour Brest, Lorient, Saint-Nazaire. Une dans les Charentes, pour Rochefort. Une en Auvergne, pour la France centrale. Et, enfin, une très importante, entre Bordeaux et Toulouse, pour tout le bassin de la Garonne, avec les animaux des Landes, des Pyrénées et des Cévennes.

Les produits de cette dernière cuisinerie approvisionneraient les ports de Bordeaux, Bayonne, Narbonne, Cette, Port-Vendres et l'Algérie.

On m'objectera qu'il faudrait une légion, même des légions de boulangers, de bouchers, de cuisiniers, d'employés et d'employées de toutes sortes pour faire fonctionner ces cuisineries... Un instant... La dépecerie des animaux ne se ferait plus comme dans une boucherie, par petits morceaux. Les pot-au-feu ne seront pas ce que l'on connaît dans les familles bourgeoises, ni même les grandes marmites de l'hôtel des Invalides. Il n'y aurait rien de tout cela, mais des fours à vapeur, dans lesquels les pièces à cuire, après avoir été posées sur des plaques de marbre ou des dalles de faïence, seraient introduites par chariot roulant, et ensuite retirées, de la même manière, quand elles seraient cuites au point voulu. Ce point devra permettre un facile désossement. Les os seraient ensuite concassés menus et serviraient pour les bouillons. Les viandes seraient alors portées sur les égouttoirs, sortes de cribles en fils métalliques nickelés. Après cela, elles seraient portées sur le pressoir, et, pour terminer leur compression, on les soumettrait à l'action d'une puissante presse hydraulique, qui en ferait des plaques compactes. Ces plaques seraient ensuite découpées en tablettes, (un peu plus grandes que les tablettes de chocolat, par exemple de $0^m,20$ sur $0^m,10$). Les tablettes arriveraient ainsi à la **dextrinerie**.... Mes expériences m'ont appris qu'en faisant dissoudre de la dextrine, (ou dextrine blanche à 1 franc le kilogr. en détail, ou dextrine ordinaire à 0 fr. 75 le kilogr.) dans de l'eau bouillante extrêmement salée, on obtient avec cette dextrine, dissoute ainsi, un vernis ou des couches, de telles épaisseurs que l'on veut, qui sont imputrescibles aux influences atmosphériques. Quand les tablettes auront été plongées dans ce bain de dextrine salée, elles seront mises à sécher sur des planchettes armées de pointes aussi affilées que des aiguilles, puis retournées, et ensuite portées dans des étuves, pour obtenir leur complète dessiccation. Il ne restera plus qu'à les empaqueter dans du mince papier satiné, et à les étiqueter. C'est ainsi qu'elles seraient envoyées aux armées, expédiées dans les ports de mer et vendues au public, ainsi qu'aux charcutiers et épiciers qui en feraient le commerce.

Les plaquettes de riz au gras, de pâtes d'Italie, de pommes de terre, (de toutes préparations culinaires) et de tous les autres légumes, même des épinards et de l'oseille au gras, s'obtiendraient comme je viens de le dire pour les tablettes de viande, et seraient également recouvertes du préservatif de dextrine salée, dont on se servira pour soustraire, aux influences de l'oxygène de l'air, toutes les préparations.

Le pain serait haché, comme avec un hache-paille, quelques heures après son défournement, c'est-à-dire quand il ne sera plus chaud et qu'il sera encore pain tendre. La croûte et la mie ne formeraient donc qu'un tout dans les tablettes comprimées, qui seraient, je crois, beaucoup plus appréciées que les biscuits actuels.

Quand, plus tard, on voudrait se servir de ces tablettes et plaquettes pour préparer les repas, en y joignant les bouillons concentrés, qui seront préparés en annexe des cuisineries et vendus également, il n'y aura plus qu'à provoquer le renflement de ces tablettes ou plaquettes en les exposant, pendant quelques minutes, à de la vapeur d'eau, sur le haut d'une bouilloire ou d'une marmite autour de laquelle seraient fixés des tubes plongeants, qui seraient surmontés de boutons ou champignons de rabattage de la vapeur, comme en ont aujourd'hui beaucoup de filtres à café.

Un animal, *tout entier*, sauf sa peau, ou ses plumes, ses cornes, ses pieds, ses yeux et ses entrailles, pourra être cuit ou rôti, d'un seul coup, par la vapeur d'eau salée, ou de bouillon, qui sera produite par des générateurs spéciaux, et qui sera dirigée et disséminée rationnellement dans les fours à cuisson. Ensuite aurait lieu le complet désossement de l'animal.

Quand il s'agira de démontrer l'excellence de mon procédé de conservation des substances alimentaires, je commencerai par un poisson, dont la chair, après la cuisson, scra enlevée en laissant seulement subsister les arêtes du squelette, comme font les fourmis d'une grosse fourmilière des bois, quand on leur donne à nettoyer entièrement de ses chairs un cadavre de poisson, un cadavre d'oiseau, ou celui d'un petit mammifère.

— Après le poisson, j'opérerais sur un poulet ; ensuite, pour opération plus sérieuse, la démonstration aurait lieu avec un chat et avec un chien ; puis on passerait aux animaux de consommation, en montant la gradation de grosseur et de pesanteur : une poule, un lapin, un canard, une oie, un dindon, un agneau, un chevreau, un mouton, une chèvre, un bélier, un veau, un poulain, une génisse, un âne, une vache, un mulet, un bœuf, un cheval, un taureau... et peut-être, plus tard, pourra-t-on opérer avec des buffles, des chameaux, etc.

En résumé, si mes six premières expériences : poisson, poulet, chat, chien, lapin, agneau, sont aussi concluantes que j'espère qu'elles le seront, personne ne pourra objecter que la réussite d'une conservation indéfinie, c'est-à-dire pour un temps indéterminé, ne sera pas aussi certaine avec de la viande d'un mouton, d'un porc, d'une chèvre, d'un âne, d'une vache, d'un bœuf et d'un cheval...

Et alors : L'HUMANITÉ serait assurée d'avoir, pour son avenir, du pain et de la viande sur la planche.

Voilà le but du présent brevet. Je n'aurai que quelques détails d'exploitation à y ajouter. Ces détails supplémentaires seront énumérés et décrits dans un certificat d'addition, qui sera demandé d'ici à quelques mois.

Comme réflexions sur l'importance pratique et lucrative de ce brevet, je présuppose dès aujourd'hui, et cela, je crois, sans me faire une illusion absolument démesurée, que son exploitation, bien comprise et bien menée, pourrait valoir, en France, (et en y travaillant pour l'exportation), dans l'espace de quinze ans, peut-être plus d'une dizaine de millions, et que, s'il était demandé dans tous les pays étrangers, il vaudrait peut-être plus d'un milliard par son exploitation dans le monde entier.

Je souhaite que cela se réalise... J'en aurais besoin pour m'occuper de la réorganisation administrative de la France.

CHOUET dit HONORÉ.

Paris, le 5 juin 1888.

Post-Scriptum

Je peux montrer le résultat **indéniable** de mes expériences, et je m'offre de les répéter, en petit ou en grand, devant n'importe qui, soit avec des viandes cuites exprès, soit avec des viandes achetées dans les établissements de *Bouillon Duval* ou autres restaurants. Je réussis avec toutes les viandes.

Mais si l'on établissait une *cuisinerie* au delà du rond-point de Courbevoie, comme je l'explique dans mon brevet, les bouillons gras seraient si abondants qu'ils serviraient pour les hôpitaux, et qu'on pourrait encore, chaque matin, en faire vendre dans tous les quartiers de Paris, à l'usage de familles pauvres, comme on y vend le lait.

Paris, le 1er septembre 1888.

HONORÉ.

Extrait de mon Certificat d'Addition

Aujourd'hui, un crédit de soixante mille francs vient d'être accordé, pour la construction d'appareils frigorifiques destinés à conserver des viandes fraîches aux Parisiens dans le cas éventuel où ils viendraient à être exposés aux inquiétudes, aux souffrances et aux horreurs d'un second siège. Cela est d'une bonne prévoyante, car notre implacable ennemi rêve de recommencer la chose. Mais, si je ne conteste, en aucune sorte, les résultats que l'on obtient au moyen des appareils réfrigérants, il n'en n'est pas moins vrai que les viandes conservées de la sorte seront d'un prix élevé, et que, par ce fait, elles ne pourront être achetées que par les familles fortunées, qui, seules, les verront arriver sur leurs tables. Or, dans une ville assiégée, il n'y a pas rien que des riches, et à Paris surtout, il y aurait plus de pauvres que de riches. On aurait d'abord à se préoccuper des défenseurs, des soldats, et de la grande masse des malheureux. Les appareils frigorifiques seraient d'un faible secours pour apaiser la faim de tous ceux qui crieraient : *Misère!* Leur emploi même susciterait peut-être des colères de jalousie, capables de provoquer des désordres de pillage, des affamés contre ceux que l'on supposerait trop rassasiés.

Les appareils frigorifiques, qui ne peuvent avoir d'application pratique, pour la conservation des viandes crues, que pour le cas du ravitaillement des places fortes assiégées, ne peuvent offrir les immenses avantages du procédé que j'ai fait breveter, le 14 juin dernier, pour : *la Conservation des substances alimentaires* **cuites.**

Ce ne seraient plus ici des viandes seulement pour les privilégiés de la fortune, et pour un cas éventuel spécial, car, en temps ordinaire, la viande fraîche sortant de la boucherie sera toujours préférée à de la viande conservée. Non! il ne s'agirait plus de viandes très chères seulement pour les tables des gens riches, mais d'un but plus humanitaire. Ce seraient des **aliments,** d'un prix relativement peu élevé, pour l'usage de l'Armée, de la Marine et du Peuple.

La question embrasse même un horizon immense, et elle peut devenir de la plus haute importance, au point de vue politique et social..... Si Brillat-Savarin a eu raison d'affirmer, que : « La découverte d'un mets nouveau fait plus pour le bonheur de l'humanité, que la découverte d'une étoile. » Je crois être dans la vérité, sans orgueilleuse prétention, en me figurant que : *Si mon procédé de conservation des substances alimentaires cuites pouvait être exploité en grand, il deviendrait, insensiblement, une sérieuse, importante et véritable Révolution économique dans l'alimentation des Peuples,* qui, ainsi que je l'ai écrit sur ma demande de brevet, seraient assurés d'avoir, désormais, pour leur avenir : **« du pain et de la viande sur la planche. »**

Alors, je serais un **BIENFAITEUR DE L'HUMANITÉ.** Je désire vivement que cela arrive.

Les viandes cuites que j'ai préparées au mois de juin se trouvent aujourd'hui, après plus de six mois, comme au lendemain de leur préparation, il y a seulement un peu plus de dessiccation. J'ai voulu faire un essai : j'en ai exposé quelques morceaux à l'humidité, au brouillard, elles se sont mouillées, naturellement. Le sel aurait pu se redissoudre, alors j'ai pensé à un second enrobage, que j'ai fait avec une dissolution de borate de soude raffiné. Depuis, les préparations sont sèches et semblent inaltérables. Voici, à mon avis, le meilleur enrobage des viandes cuites, comprimées en tablettes, et des légumes cuits, comprimés en plaquettes, comme je l'ai expliqué dans mon brevet.

Je prends de l'eau filtrée, je la fais bouillir, j'y jette du chlorure de sodium, première qualité, jusqu'à saturation; je laisse refroidir, après cela, je décante, et je fais trois parts de la dissolution. Dans la première, je dissous de la dextrine blanche, première qualité, jusqu'à épaississement sirupeux; dans la deuxième, je fais, au bain-marie, avec de la fleur de farine numéro zéro, de la colle de pâte, que je laisse cuire longtemps, en la remuant constamment avec une cuillère longue, ou un agitateur en verre, ou une spatule; dans la troisième, je dissous du borate neutre de soude raffiné. Ensuite, il est bon de faire passer entre deux cylindres broyeurs la dissolution de dextrine et la colle de pâte, afin de les bien malaxer. Après cela, je les délaye dans la dissolution de borate et j'ai la composition du bain d'enrobage, dans lequel je plonge, à une ou à plusieurs reprises, les morceaux de viande, les tablettes, ou les plaquettes, qu'ensuite je suspens pour les laisser bien sécher. Et c'est là tout. Le surplus serait de l'empaquetage pour la vente.

Mais, depuis trois mois, j'ai pensé à une modification, et c'est pour m'assurer la propriété de l'exploitation de ce perfectionnement, que je demande aujourd'hui ce premier certificat d'addition.

Maintenant, voici comment j'ai simplifié le moyen de conserver les substances alimentaires cuites, car l'essentiel de mon brevet reste toujours : **la conservation des substances cuites.** Je prends les viandes refroidies, je les mets dans un sac de cuir doux, pour les comprimer, en différents sens, par de fortes pressions, ensuite je les déverse sur une table devant une collection de boîtes de conserves, en bon fer-blanc, bien étamé. Ces boîtes ont été pesées, au préalable. (Il y en aura de toutes les grandeurs, depuis la contenance d'un demi-litre, jusqu'à 25 litres, et même plus, si l'on veut, pour le service de l'Armée et de la

Marine.) Je remplis les boîtes par des lits de viande, que je comprime,
au fur et à mesure, soit avec une presse à levier, soit avec un pilon
à tête plate, sur lequel je frappe avec un maillet. Je saupoudre chaque
couche de viande avec du sel raffiné en poudre. (Le meilleur serait celui
de Setubal [Portugal]). Quand les boîtes sont remplies au poids de viande
voulu, en chiffre rond, pour faciliter les calculs, je marque cette pesanteur sur l'extérieur de la boîte et je la laisse de côté. Enfin, quand j'ai
rempli, de la même façon, la quantité voulue d'autres boîtes, je procède
à leur fermeture. Ce n'est plus ici une soudure à l'étain, comme avec les
boîtes Appert, ou Fastier, ou Chevalier, ou de Lignac, mais avec une
fermeture aussi simple que celles d'un pot de confiture, ou d'une terrine
de foie gras. Je place sur le dernier saupoudrage de chaque boîte une
rondelle en papier fort satiné, et sur cette rondelle j'applique une couche
de ma composition salée de dextrine et de colle de pâte; après cela, je
ferme la boîte par un couvercle, aussi simple que ceux des boîtes à
cirage; et, pour plus de garantie encore, j'entoure la fermeture d'un
ruban de papier collé, qui sert, en même temps, à indiquer quelle sorte
de viande se trouve contenue dans la boîte, et en quelle quantité; ou
quel légume, et à quelle préparation culinaire.

Voilà déjà près de trois mois que j'ai, à différentes températures, des
viandes conservées de cette manière. Elles ne présentent aucun symp-
tôme de fermentation, et elles n'ont aucune odeur. Je suis donc porté
à croire, que : ces viandes peuvent se conserver indéfiniment, tout aussi
bien que l'on peut conserver un saucisson bien conditionné et bien cuit,
ou une terrine de foie gras bien fermée.

Mon intention est de donner à ces préparations culinaires le nom
générique de : *Soupes!*... Ainsi, les soldats et les marins auraient leurs
soupes toutes faites. Ils n'auraient plus qu'à les verser dans de l'eau
bouillante, et à y ajouter du pain. Les ouvriers et ouvrières des villes,
manufactures, usines, fabriques, ainsi que les habitants des campagnes,
pourraient acheter leurs soupes chez tous les épiciers venus, et même en
avoir des provisions d'avance. Il y aurait des soupes au lard, contenant
aussi la graisse. (Comme il m'a été possible de mettre la graisse avec le
bœuf du pot-au-feu.) A côté des soupes au lard, on trouverait d'autres
boîtes de légumes comprimés, pommes de terre, choux, carottes, navets, etc... qui auraient été cuits, en potée, avec le lard, comme il y aura
des riz au gras pour aller avec d'autres viandes. Il y aurait des soupes
de bœuf de pot-au-feu, viande et graisse; des soupes de biftecks, de
rosbifs, de gigots, de rôtis de veau, de poulets rôtis, de poissons, de

gibier, etc., etc., c'est-à-dire de toutes les préparations culinaires, comme il y aurait également des boîtes de tous les légumes, à tous les assaisonnements; légumes qui, après leur égouttement, seraient comprimés fortement dans des boîtes en fer-blanc de la même manière que les viandes.

On peut maintenant comprendre facilement : comment la population de Paris, ou celles de n'importe quelles places de guerre, pourraient se ravitailler commodément, et avec des provisions pour longtemps, dans le cas où elles auraient, subitement, à prendre leurs précautions, dans la prévision d'un siège, dont elles pourraient être menacées.

Et, si mes viandes cuites conservées étaient exploitées en grand, comme par exemple, par la Ville de Paris, à titre de Service municipal, ressortissant de l'Assistance publique, et dans une *cuisinerie ad hoc*, comme je l'ai expliqué dans mon brevet, (en choisissant, à l'extrémité de l'avenue de la Grande-Armée, l'au delà du rond-point de Courbevoie; emplacement en dehors de l'octroi de Paris, entouré de voies de communications de toutes sortes, et sous la protection des canons du Mont-Valérien), croit-on que ce serait là une mauvaise spéculation commerciale?

Pour mon compte, je suis persuadé du contraire. On peut même prévoir, qu'en outre de l'immense clientèle de la nombreuse population de Paris, et de ses environs, on ne tarderait pas longtemps à avoir à préparer, dans cette cuisinerie, des viandes et des légumes, pour l'alimentation d'une certaine partie de nos soldats, et d'une certaine partie de nos marins.

Paris, le 30 janvier 1889.

Mais avant de déposer ce certificat d'addition, j'ai voulu attendre trois mois de plus, jusqu'aujourd'hui, 1er mai, pour bien constater l'état de toutes mes préparations. Elles sont telles quelles, sans aucune altérations, c'est-à-dire : *en parfait état de conservation*, et tout me donne à croire : que cet état pourra se prolonger indéfiniment.

De plus, j'ai trouvé un autre enrobage, sans sel, avec lequel je peux conserver les légumes, les fruits et les œufs frais, surtout pour l'usage de la marine, mais je n'ai pas à faire connaître ici la formule, la composition de cet enrobage, puisque ce brevet n'est que pour la conservation des substances alimentaires *cuites*. Cet enrobage sera matière pour la demande d'un autre brevet.

Paris, le 1er mai 1889

CHOUET dit HONORÉ.

Voilà le FAIT ACQUIS !..

Maintenant, voici l'historique de mes tentatives pour arriver à le faire mettre en pratique :

1° — Aussitôt que mon brevet a été demandé, le 14 juin 1888, j'en ai envoyé un *Duplicata* au Ministère de la Guerre, pour la Commission d'Examen des Inventions intéressant l'Armée, en expliquant que j'offrais là : lè Moyen de pouvoir **nourrir facilement de nombreuses troupes.**

Cette Commission m'a répondu : « Qu'il ne lui a pas paru utile de transmettre ma proposition aux services compétents du Ministère de la Guerre. »

____

2° — Le 1ᵉʳ septembre 1888, j'ai écrit au Président de la Commission du Ravitaillement de Paris :

« Monsieur,

Le hasard vient de me faire trouver sur un journal un article par lequel il est dit : que le Conseil municipal vient de nommer une Commission spéciale dite : **« du Ravitaillement de Paris »** et que cette commission vous a choisi pour son Président.

Je rapporte ici cet article :

« Avant de se séparer, le Conseil municipal a nommé une commission spéciale dite « du Ravitaillement de Paris ». Cette commission vient de se réunir pour se constituer; elle a choisi pour président M. Deligny, l'auteur de la proposition qui avait motivé la nomination de la commission, et, pour secrétaire, M. Saint-Martin.

Voici brièvement résumés les motifs qui ont déterminé M. Deligny à formuler sa proposition : l'année dernière, au moment où des bruits de guerre prenaient une certaine consistance, des conseillers s'inquiétèrent de la réalité ou de l'insuffisance des mesures prises pour assurer le ravitaillement de Paris. Des renseignements précis qu'ils purent recueillir leur prouvèrent que la question reléguée au second plan n'avait même pas été abordée.

Depuis, la question a été mise à l'étude au Ministère de la Guerre et dans les bureaux du gouverneur de Paris, auquel incombent la sécurité et la défense de la place.

M. Deligny a pensé que, pour mener à bien l'organisation des mesures à prendre, le concours du Conseil municipal était indispensable au gouverneur de Paris; en effet, le ravitaillement met en jeu tous les services municipaux : services financiers, services de voirie et de transport, service des halles et marchés, services des bâtiments de toutes sortes transformables en magasins temporaires, etc.

La commission nouvellement nommée aura donc à étudier toutes les questions conjointement avec le Gouverneur de la Place de Paris et à remplir dans le conseil de défense le rôle qu'occupe la municipalité dans le conseil de défense de toutes les places de guerre.

Le ravitaillement de Paris est une opération matérielle énorme, qui n'a d'égale, dit M. Deligny, que la mobilisation complète de l'armée.

Or, si on considère que celle-ci exige l'emploi pendant trois semaines au moins de tout le matériel des chemins de fer français, on comprend, que si tout n'est pas combiné de manière à ce que le matériel puisse servir en même temps aux deux fins, le ravitaillement est compromis et, avec lui, la sécurité de la place et de ses habitants.

Voici, à ce sujet, quelle est la consommation de Paris, en 1886, pour une population de 2,344,550 habitants : pain, 347 millions de kilogrammes, correspondant à 227 millions de kilogrammes de farine; viandes diverses, 181 millions de kilogrammes; volaille et gibier, 24 millions de kilogrammes; fruits et légumes, 240 millions de kilogrammes; poissons divers, 25 millions de kilogrammes; moules, clovisses, 5 millions de kilogrammes; huîtres, 8 millions de kilogrammes; beurres, 18 millions de kilogrammes; œufs, 21 millions de kilogrammes; fromages secs, 5 millions de kilogrammes; divers, truffes, pâtés, sels, 16 millions de kilogrammes; liquides comptés à 100 kilogr. l'hectolitre : vin, 437 millions de kilogrammes; bière, 27 millions de kilogrammes; cidre, 30 millions de kilogrammes; huiles diverses, 14 millions de kilogrammes; fourrages (foin, paille, avoine, orge), 459 millions de kilogrammes; combustibles (bois, charbon de bois, houille et tourbe), 1 milliard 595,000 kilogrammes.

Dans les circonstances normales de la vie nationale, l'approvisionnement de ces divers objets de la consommation parisienne se fait avec une régularité qui n'est altérée que par les variations des saisons et des cours des marchandises, variations dont les retours, généralement périodiques, sont connus et prévus à l'avance. Mais, lorsque, dans un moment de crise nationale, une interruption des transports et des arrivages est à redouter, lorsqu'il faut ravitailler, c'est-à-dire approvisionner dans un temps très court pour un temps plus ou moins long, l'opération devient d'une extrême difficulté, si elle n'a pas été préparée, si son importance n'a pas été diminuée par des mesures permanentes.

Ce serait l'étude de ces mesures qui ferait le principal objet des délibérations de la nouvelle commission. »

Je vois que c'est à vous qu'on doit l'idée : *du Ravitaillement des Places fortes, et particulièrement de celui de la Ville de Paris.*

J'ai l'honneur, à ce sujet, de vous prier de vouloir bien me permettre de vous envoyer ci-joint la **Minute** dont je me suis servi pour un brevet qui vient de m'être délivré. Mais je ne puis vous envoyer cette minute qu'**en communication.**

Je peux montrer le résultat **indéniable** de mes expériences, et je m'offre de les répéter, en petit, ou en grand, devant n'importe qui, soit avec des viandes cuites exprès, soit avec des viandes achetées dans les établissements de Bouillon Duval, ou autres restaurants. Je réussis avec toutes les viandes.

Mais si la Ville de Paris établissait une **cuisinerie** au delà du rond-point de Courbevoie, comme je l'explique dans mon brevet, les bouillons gras seraient si abondants qu'ils serviraient pour les hôpitaux, et qu'on pourrait encore, chaque matin, en faire vendre, dans tous les quartiers de Paris, à l'usage des familles pauvres, comme on y vend le lait.

L'application de mon procédé résoudrait complètement la *question du Ravitaillement*.

Je suis, etc.

HONORÉ.

3° — Le 28 octobre 1888, j'ai adressé la pétition suivante au Président du Conseil municipal.

Paris, le 28 octobre 1888.

A Monsieur le Président du Conseil municipal de Paris.

PROPOSITION POUR LA COMMISSION DE RAVITAILLEMENT.

MONSIEUR LE PRÉSIDENT,

Le sieur CHOUET, dit HONORÉ, professeur à Paris, quai des Célestins, n° 2, a l'honneur de vous prier de vouloir bien transmettre cette pétition à la Commission du Ravitaillement.

Pétition explicative d'un procédé, peu coûteux, de conservation illimitée de toutes les viandes et autres substances alimentaires.

Un brevet du 14 juin dernier, n° 191,221, a divulgué ce procédé. Il consiste à prendre les viandes et autres substances alimentaires, après leur cuisson, quand elles sont bonnes à manger, et à les saisir, en cet état, par un enrobement de dissolution de dextrine salée, qui leur fait comme une patine vitrifiée de bonne apparence; laquelle les garantit contre toutes les influences atmosphériques, et assure leur conservation indéfinie.

Plus de détails sont presque inutiles, car c'est le *fait* qu'il faut voir, or, des viandes qui ont été préparées au mois de juin se trouvent aujourd'hui dans le même état que le lendemain de leur préparation; tout porte donc à présumer que leur conservation peut être sans limites.

Le procédé n'est pas coûteux, et toute personne quelconque peut faire les préparations. Le pétitionnaire a étudié la question depuis 1864, et dès cette époque il pensait à l'emploi du froid, (à des glacières ou à des appareils frigorifiques), son procédé, au moyen d'une dissolution de dextrine salée, est plus simple et plus universel. Mais la dextrine est-elle une substance aussi inoffensive que le sel? Sans aucun doute, puisqu'on pourrait presque dire que la dextrine n'est que de la croûte de pain grillée. Donc l'innocuité des préparations ne peut laisser aucun doute.

Voilà le résumé des explications nécessaires.

Maintenant, Monsieur le Président, si la Commission du Ravitaillement veut bien se donner la peine de contrôler ce que j'avance, soit en envoyant quelques Délégués pour examiner le petit nombre, (parce que je ne suis pas riche) d'échantillons de viandes que j'ai conservées, et entendre mes explications verbales ; soit en m'appelant devant elle avec ces échantillons, et pour répondre, d'une manière claire et positive, à toutes les questions qui me seront faites, au sujet de la conservation des viandes et de toutes les autres substances alimentaires. Je suis à votre disposition.

Pour montrer d'avance ce que je sais sur cette question, je vous envoie ci-jointe, (mais en communication seulement, parce que c'est une copie que je destine à l'Administration de la Marine), je vous envoie, dis-je, le Duplicata de mon brevet du 14 juin dernier ; mais je préviens, ici, que ce Mémoire énumère des détails rétrospectifs, et entre dans des aperçus d'avenir, dont la Commission du Ravitaillement n'a pas à s'inquiéter.

C'est seulement pour lui montrer que je sais de quoi je parle.

Pour elle, c'est du positif, du précis et du présent, qu'il lui faut.

Hé bien ! Ce présent et ce précis, je vous prie, Monsieur le Président, de me laisser vous dire comment je le conçois :

Si la Commission du Ravitaillement daigne prendre mon procédé en considération, je m'offre à lui refaire, sous ses yeux, d'autres préparations, (si elles sont à mes frais, elles seront limitées, mais il y aura des spécimens de toutes les sortes de viandes et des principaux légumes). Si le Conseil municipal votait une indemnité pour ces expériences, ces préparations se feraient indubitablement sur une plus grande échelle. Ou bien encore, puisque l'Administration de l'Assistance publique dépend du Conseil municipal, l'ordre pourrait être donné à un hôpital, ou même à plusieurs hôpitaux, pour qu'il y ait un véritable contrôle, de donner, de leurs cuisines, telles et telles sortes de viandes et de légumes cuits, qu'on leur spécifierait.

De cette manière, les expériences seraient faites en grand. Toutes les préparations seraient enfermées à clef, et sous scellés, dans une ou dans plusieurs chambres, pour un laps de temps, de trois mois ou de six mois, ou d'un an. Après quoi, les échantillons seraient apportés au Conseil municipal pour y être examinés d'abord, et ensuite renvoyés à l'analyse des chimistes de la ville de Paris.

Jusque-là, tout se ferait *sans aucun engagement* de la part du Conseil municipal.

Voici les viandes et les légumes, que je demanderais à préparer :
1° le bœuf du pot-au-feu ; 2° les biftecks ; 3° les rosbifs ; 4° les veaux
rôtis ; 5° les côtelettes ; 6° le porc salé ; 7° les gibiers ; 8° les oies rôties ;
9° les poulets rôtis, etc., etc., pour les viandes ; comme légumes : 10° les
riz au gras ; 11° les pommes de terre à toutes leurs préparations culinaires ; 12° les navets ; 13° l'oseille au gras ; 14° la purée de pois ; 15° les
lentilles au beurre ; 16° les flageolets sautés, etc., etc., c'est-à-dire tout
ce que l'on voudra, puisque les expériences réussiront avec tous les aliments solides.

Depuis la prise de mon brevet, j'ai reconnu que je n'aurais pas besoin
de l'usage de la presse hydraulique pour fabriquer les tablettes commer-
ciales de viandes conservées, (sous le nom que pourra leur donner de :
Conserves parisiennes), ni pour les plaquettes de légumes
conservés : de simples grandes presses à jus, comme on en trouve rue
des Lombards, 19, seront suffisantes pour fabriquer ces tablettes et ces
plaquettes, qui seraient vendues par tous les épiciers et tous les mar-
chands de comestibles. Et quand, plus tard, une *cuisinerie* serait établie,
en dehors de Paris, pour avoir moins de frais, et en supprimant l'inter-
médiaire des bouchers, les bouillons gras, très abondants, pourraient
être vendus, chaque matin, dans tous les quartiers de la capitale, comme
on y vend le lait.

Mais en attendant cela, il faut savoir si le Conseil municipal daignera
prendre en considération l'offre que je lui propose de lui faire des expériences publiques, qui seraient contrôlées après trois mois, six mois ou
un an, et même plus longtemps, si l'on veut.

Si après ce laps de temps, mes expériences étaient concluantes, et
absolument indéniables, de parfaite réussite, alors, et à ce moment-là seulement, Le Conseil verrait ce qu'il aurait à faire à mon égard. Je m'engage
ici, d'avance, à ne lui poser aucune condition. Des experts apprécieraient
s'il devrait me donner une indemnité, en me laissant libre de vendre
mon brevet à une société d'exploitation, ou bien s'il lui serait plus
profitable de m'acheter ce brevet, pour Paris, et la région Nord de la
France, (comme je le dis sur mon Mémoire descriptif), et faire exploiter
la chose par un service municipal, qui ressortirait en quelque sorte de
l'Assistance publique.

J'ai l'honneur d'être, etc.   **HONORÉ.**

Mes propositions au Président de la Commission du Ravitaillement de
Paris, et au Conseil municipal sont restées **lettres mortes.**

4° — Le 2 mai 1889, après avoir pris mon certificat d'addition, j'en ai encore envoyé un *Duplicata* au Ministère de la Guerre, pour la Commission d'Examen des Inventions intéressant l'armée, en offrant de montrer les résultats de mes expériences, et de recommencer ces expériences devant n'importe qui.

Il m'a été répondu, comme la première fois : « Qu'il n'a pas paru utile, à la Commission, de transmettre ma proposition aux services compétents du Ministère de la Guerre. » ! ...

Pendant ce temps-là, voici les articles qu'on trouve sur les journaux :

L'Armée empoisonnée

On lit dans le *XIX⁰ Siècle*, journal républicain :

Dinan, 30 août.

« Il court ici un bruit.

« Des personnes très honorables affirment sous le manteau — et répéteront tout haut demain — que dès la première annonce d'une enquête sur les causes des mystérieux empoisonnements dont la garnison était victime, les... intéressés ont fait nuitamment enterrer un énorme stock de conserves de viandes. »

« On sait l'endroit précis de la cachette; rien donc ne serait plus facile que de mettre, en cas de besoin, le nez des coupables dans leur ordure... Ce n'est probablement pas, en effet, parce que ces viandes étaient de qualité supérieure qu'on les a fait ainsi disparaître, comme on fait disparaître un cadavre. »

On frémit — et, comme on dit, le sang ne fait qu'un tour — quand on songe que ces conserves étaient destinées à l'alimentation de nos pauvres soldats.

« Nous voulons espérer qu'une enquête immédiate et des plus minutieuses va être ordonnée par le ministre de la guerre. »

« La question est d'une telle gravité que le moindre retard à fournir des explications complètes sur les véritables causes des épidémies qui depuis quelque temps déciment notre armée, serait interprété comme l'aveu formel des faits inqualifiables signalés par notre confrère. »

« A l'encontre des rapports officiels, nous persistons à dire que la qualité de l'eau est étrangère à l'éclosion de ces terribles maladies dues uniquement à la mauvaise qualité des viandes fournies à la troupe. »

Et du Gers on écrit ceci :

« L'alimentation du 88⁰ de ligne, à Mirande, est en ce moment pitoyable.

On a examiné, expertisé les viandes et elles ont été reconnues parfaitement salubres et de première qualité.

En revanche, les viandes de conserve ont été jugées détestables, trichinées.

Là est la source des maladies qui infestent le régiment du 88⁰.

Malgré l'épidémie de l'an dernier, on continue à distribuer cette nourriture infecte qui retient au lit, à l'heure actuelle, 27 soldats.

Ces *viandes de conserve* sont tellement mauvaises, qu'un capitaine en interdit l'usage à sa compagnie et a prescrit l'emploi de la viande fraîche.

Devant certaines attaques, et certaines résistances, surtout, on se demande ce que le public peut supposer?... et même soupçonner?...

Autre article :

Aux manœuvres du 8ᵉ corps.
Les boîtes de conserves.

Les grandes manœuvres se terminent toujours, c'est affaire convenue, par des ordres du jour d'un lyrisme optimiste, qui, s'ils étaient pris à la lettre, répandraient cette conviction qu'il n'y a plus de progrès à faire dans l'administration de l'armée et que le pays peut dormir sur ses deux oreilles.

Mais les réservistes n'ont pas plus tôt quitté l'habit militaire et repris la liberté de langage qui appartient à tous les citoyens, qu'ils s'inscrivent en faux contre ces apologies de commande et que, par eux, la vérité arrive enfin aux oreilles de l'opinion.

C'est ainsi que nous recevons, sur les manœuvres du 8ᵉ corps, des détails que nous recommandons spécialement à la vigilance de M. le ministre de la Guerre.

Au lieu de faire vivre les troupes sur les pays parcourus, ce qui est à la fois un profit pour les habitants et un excellent exercice pour leurs officiers d'approvisionnement, on s'est avisé de vider quelques magasins de conserves, et on a distribué aux troupes des boîtes en fer-blanc, provenant de la République Argentine, et contenant de *la viande en état de fermentation putride.*

De là des maladies, des fièvres typhoïdes, des décès et... un grand découragement dans les rangs de nos soldats.

Nous entendons d'ici les blasphèmes proférés contre l'intendance, la cause de tous ces maux.

Mais il nous semble cependant qu'il existe quelque part une loi datant de 1882, à la rédaction de laquelle M. le ministre de la Guerre n'a pas été étranger.

D'après cette loi, qui est responsable de l'administration du corps d'armée, soit en temps de paix, soit en campagne?

C'est le général qui le commande et c'est à cette haute autorité militaire que doivent être posées les questions suivantes :

Pourquoi des conserves avariées sont-elles maintenues dans nos magasins?

Pourquoi, quand leur état est reconnu, ne sont-elles pas détruites?

Quelle sanction le ministre de la Guerre entend-il donner aux prescriptions, sans cesse oubliées, sur l'approvisionnement et l'hygiène des troupes?

Il faudrait en finir avec des abus qui se renouvellent sans cesse et qui empêchent le service obligatoire de s'acclimater définitivement dans le pays.

Colonel P...

Lorsque d'un autre côté, sous un autre point de vue, on lit également sur les journaux :

« Londres, 13 septembre. — De singulières révélations viennent d'être faites sur l'industrie de la fabrication des extraits de viande.

Hier, devant le tribunal de police de Colchester, au cours d'un procès intenté par la Société protectrice des animaux contre un individu qui avait traîné son cheval mourant de Chelmsford à Colchester, un inspecteur de police fit savoir que ce cheval était mené à un industriel qui exportait des quantités énormes de viandes chevalines à Anvers, où elles étaient transformées en extraits de bœuf. »

D'après tout cela, je peux bien avoir la prétention de croire : que l'exploitation *en grand* de mon procédé, par une bonne administration, bien organisée, offrirait au public plus de garanties que les procédés actuels.

5° — Le 25 avril 1889, jai écrit à M. Prevet, député de Seine-et-Marne, la lettre suivante :

Paris, le 25 avril 1889.

A Monsieur Prevet, député de Seine-et-Marne.

PROPOSITION.

Monsieur le Député,

« Je lis, aujourd'hui, sur les journaux, le compte rendu d'une conversation que vous avez eue avec un reporter du *Gil Blas,* de laquelle, je vois *que vous avez une Usine de conserves alimentaires, et que, vous avez aussi commandité M. Digeon de la Nouvelle-Calédonie.*

« Cela me donne à penser que : vous consentiriez, **peut-être,** à vouloir bien **être de moitié** avec moi, dans trois brevets étrangers, pour un nouveau procédé de conservation des viandes ; brevets à prendre pour l'Australie, les États-Unis, et la République Argentine, par l'agence Denos, boulevard Magenta, 11, avec le résumé d'un brevet français, du 14 juin dernier, n° 191,221, auquel je dois ajouter, lundi, un certificat d'addition qui est écrit depuis le 30 janvier. »

« Si vous voulez vous donner la peine d'étudier le sérieux de cette proposition, je vous prie de me le faire savoir par un petit mot de réponse, et je vous porterai, **en communication,** *pour quelques jours,* le brevet et le certificat d'addition relatés ci-dessus. »

« Et, de plus, je vous inviterai à venir voir des viandes que j'ai préparées aux mois de juin, de novembre et de janvier derniers, et qui ne présentent aucune apparence d'altération. »

D'un autre côté, pour l'usage de la Marine, je puis préparer des fruits, et des œufs frais du jour, qui se conserveraient, en très bon état, indéfiniment.

J'ai l'honneur d'être, etc.

HONORÉ.

Professeur, quai des Célestins, n° 2, à Paris.

M. Prevet m'a répondu : « qu'il ne voulait prendre aucun brevet étranger, mais que si je voulais bien lui donner mon brevet français et son certificat d'addition en communication, il en prendrait connaissance et me dirait de suite si cela peut l'intéresser. »

Sur ce désir exprimé, j'ai porté, le 29 avril, ce brevet **en communication** à M. Prevet, pour jusqu'au 16 mai. Mais quand je suis retourné pour le reprendre, jusqu'à trois différentes fois, on m'a répondu, avec ambiguïté, que : « M. Prevet n'avait que faire de mon brevet, qu'il ne pouvait lui être utile, et même que, du reste, il était égaré et qu'on ne pouvait plus le retrouver..... — Il m'a fallu, enfin, par une lettre du 2 juin, faire grande insistance, pour que ce brevet me soit rendu.

(M. Prevet, en outre de sa grande exploitation, à Meaux, de légumes conservés par la dessiccation, est intéressé dans la Direction des usines de Gomen (Nouvelle-Calédonie), Conserves de viandes, bouillons et extraits de viande. Travail des usines, cent bœufs par jour). J'avais donc lieu de supposer que mon brevet pouvait avoir quelque intérêt pour M. Prevet. Enfin, c'était encore une fausse tentative, et même, cette fois, une tentative imprudente.)

6° — Le 1er juillet 1889, c'est au Président de la Société d'encouragement pour l'Industrie nationale, rue de Rennes, 44, que je me suis adressé par la lettre suivante :

Paris, le 1er juillet 1889.

A Monsieur le Président de la Société d'encouragement
pour l'Industrie nationale.

ENVOI D'UN DUPLICATA DE BREVET ET DU CERTIFICAT D'ADDITION
DE CE BREVET, AVEC PRIÈRE DE VOULOIR BIEN LES SOUMETTRE A L'EXAMEN
DU COMITÉ DES ARTS ÉCONOMIQUES.

Monsieur le Président,

J'ai l'honneur de vous adresser les deux pièces ci-jointes, en vous priant de vouloir bien les donner à l'examen du Comité des Arts Économiques, afin qu'il puisse apprécier si la chose, dont il est question dans ces pièces, mérite un Rapport favorable; et juger même, si son importance, *comme Révolution économique dans l'alimentation des peuples*, ne serait pas digne du prix de la Société d'encouragement.

Je suis, etc.

HONORÉ.

Professeur, quai des Célestins, n° 2, à Paris.

Aujourd'hui, 1er octobre, j'ignore encore si l'on m'a nommé un Rapporteur.

7° — Cette fois, c'est à l'Administration de la Marine que j'ai adressé la pétition suivante : *Pour la Nourriture des Matelots français sur toutes les Mers du Globe.*

Monsieur le Ministre,

Le sieur CHOUET, (Jean-Claude-Louis), dit HONORÉ, né le 25 août 1827, à Aprey, canton de Longeau, (Haute-Marne), depuis seize ans, professeur à l'École Massillon, quai des Célestins, n° 2, à Paris,

A l'honneur de vous adresser, ci-joint, le Duplicata d'un brevet d'invention et d'un certificat d'addition, pour le moyen d'avoir *un Pot-au-feu très économique, et des viandes à bon marché, pour l'Armée, la Marine et le Peuple.*

Il vous prie, après que vous aurez pu vous faire rédiger un rapport compétent sur ces pièces, de vouloir bien vous arrêter sur les considérations suivantes, et sur la proposition qui les termine.

D'abord, il est question, dans le brevet : de **GRANDES CUISINERIES** que l'on établirait dans les pays d'élevage, pour avoir la viande au plus bas prix possible, soit : en Normandie, pour l'approvisionnement des bâtiments des ports du Hàvre et de Cherbourg; en Bretagne, pour ceux de Brest, de Lorient et de Saint-Nazaire; dans les Charentes, pour les bâtiments de Rochefort et La Rochelle; ensuite, entre Bordeaux et Toulouse, avec les animaux des Landes et ceux des Cévennes, pour les ports de Bordeaux, Bayonne, Narbonne, Port-Vendres et Cette; enfin, à Arles, avec les animaux de la Crau et de la Camargue, et une autre en Corse; ces deux dernières pour l'approvisionnement des bâtiments des ports de Marseille, de Toulon et de l'Algérie.

Néanmoins, les viandes seraient encore d'un prix élevé, comparativement à la valeur, presque nulle, à laquelle on les estime dans les lieux de très grande production : tels que, dans les pâturages de la Lombardie, dans les immenses prairies de la Russie, surtout au nord de la mer d'Azof et de la mer Caspienne, dans l'ancien pays des Scythes, ou bien dans les environs de Chicago, avec les animaux du nord des États-Unis et du Canada, ou bien avec ceux que l'on peut nourrir dans les immenses pâturages du bassin de l'Amazone; ou dans l'Uruguay, ou, enfin, dans la République Argentine, et en Australie.

La viande de bœuf revient en Europe dix fois plus cher qu'en Amérique ou en Australie. A la Plata, un bœuf coûte même moins cher qu'un vieux cheval de rebut en Europe.

Si l'Administration de la Marine établissait une **cuisinerie française** dans l'un des pays que je viens de nommer, par exemple, dans la République Argentine, pour la viande des bœufs, et en Australie pour la viande des moutons, on pourrait, là, fabriquer **des con-**

serves de viandes cuites, comme il est indiqué sur le brevet ci-joint, **pour toute la Marine française, pour nos Colonies, et même pour nos Armées,** active et territoriale.

(Comme d'un autre côté, il sera possible d'avoir, dans les pays de très grande production du blé à bon marché, tels que aux embouchures du Danube ou à celles du Don, dans les environs d'Odessa, ou à Taganrog, ou bien encore dans l'une des immenses plaines à blé des États-Unis, d'avoir, dis-je, à côté de la production de ce· blé, qui ne coûte presque rien, des **meuneries** et des **boulangeries** pour y fabriquer des *biscuits de pain*, ou plutôt des tablettes, comme je l'ai expliqué dans mon brevet, en parlant du bon pain d'**AIX** et de celui de Marseille.) **Ces tablettes de pain** seraient expédiées, comme les *conserves de viandes cuites*, dans tous les ports de mer, pour le ravitaillement facile et peu coûteux des équipages de tous nos vaisseaux.

C'est là une Idée, et un Projet, que le pétitionnaire soumet, sous forme de Proposition, à M. le Ministre de la Marine.

Il désire vivement que cette Proposition soit prise en considération, car elle serait une **RÉVOLUTION ÉCONOMIQUE D'UNE GRANDE IMPORTANCE** pour la nourriture de la Marine française, sur toute l'étendue des mers du globe, (les produits de la cuisinerie française pourraient être envoyés, et emmagasinés, dans tous les ports de mer quelconques) ; et ils seraient également dirigés dans l'intérieur de la France, surtout dans nos Places fortes, pour le ravitaillement de nos armées nationales.

L'inventeur du procédé de bonne conservation **indéniable** des substances alimentaires **CUITES,** (procédé entièrement divulgué dans les pièces ci-jointes), a l'honneur d'être, avec le plus profond respect,

Monsieur le Ministre,

En attendant l'enquête, ou la décision, qu'il vous plaira de prendre au sujet de la présente proposition,

Votre très humble et très obéissant serviteur.

HONORÉ.

Professeur, quai des Célestins, n° 2, à Paris.

8° — Dans le cas où cette pétition serait encore jetée au panier, au Ministère de la Marine, (car je ne m'attends plus à rien de bon en France. Voilà plus de 40 ans que je n'y éprouve que des déboires. Tout ce que je dis, tout ce que j'écris, tout ce que je fais, tout ce que je montre est considéré comme nul, lors même que j'ai la conviction de ne pas me tromper et que j'en fais voir l'évidence... Ah! si j'étais un Américain, ou un Anglais, ce serait différent!... Mais voilà, je suis un Français, donc mes expériences ne valent rien qui vaille!... Les hommes sont ainsi faits : leurs proches ne doivent se signaler en rien, ou bien aussitôt des sentiments d'envie et de jalousie s'élèvent pour paralyser tous leurs efforts).

Mais, trêve à cette digression, je reviens à ce que je voulais dire : Si ma pétition est encore considérée comme nulle et est jetée au panier au Ministère de la Marine, il ne me restera plus d'autre espérance qu'en cette brochure, qui va divulguer la chose au public.

Dans les éventualités possibles, il pourrait, **peut-être,** arriver : qu'un *Syndicat de Capitalistes comprît l'Importance de l'Exploitation de la Chose, et voulût en Commencer la Spéculation.* Et ce ne serait point là, vraiment, une mauvaise spéculation!...

Si le Chocolat Menier est fabriqué à 50,000 kilogrammes soit pour 200,000 francs par jour, ou pour 52 millions de francs par an, il est bien permis de prévoir qu'ici, pour l'Armée, pour la Marine, et pour le Peuple, la production journalière et annuelle serait bien supérieure aux chiffres ci-dessus. Elle ne pourrait aller qu'en doublant, triplant, quadru-druplant, et peut-être bien même : qu'en quintuplant, d'*année en année.*

Enfin, dans le cas où les Capitalistes français n'oseront même pas commanditer une Invention française, il ne me restera plus que l'**ÉTRAN-GER,** et alors, j'y aurai recours, parce que j'ai la conviction que j'offre un **PROGRÈS SOCIAL,** *devant contribuer, peut-être puissamment, avec le temps, au bien-être de l'humanité en général,* c'est-à-dire aux déshérités de la Fortune à travers tous les pays de la terre.

9° — Voici déjà, en prévision de mes insuccès en France, ce que j'ai commencé d'écrire à Monsieur l'Envoyé extraordinaire et Ministre plénipotentiaire de la République Argentine, rue de Théhéran, 22, à Paris.

PROPOSITION GRATUITE FAITE AU GOUVERNEMENT
DE LA RÉPULLIQUE ARGENTINE.

Monsieur le Ministre Plénipotentiaire,

« Après vingt-cinq ans de travaux pour la conservation des viandes et autres substances alimentaires, j'ai trouvé un procédé infaillible, peu coûteux et de conservation indéfinie.

Je pense qu'il est bon, **pour le bien de l'humanité,** que je fasse cadeau de mon procédé aux Etats qui peuvent produire de la viande à bon marché, comme cela se rencontre dans la République Argentine.

Voici, néanmoins, sous quelles conditions je désire que mon offre soit : 1° étudiée ; 2° prise en considération, sans aucun engagement ; et enfin, 3° acceptée, pour en faire *une exploitation gouvernementale.*

. Mais, alors, avec un souvenir gracieux à mon sujet.

Jusqu'à l'exploitation en grand, qui n'arriverait que dans quelques années, on serait absolument libre de m'oublier.

Ce ne serait même, d'après conventions écrites, qu'après avoir réalisé les bénéfices d'une première année d'exploitation que la République acceptante de mon procédé, aurait à songer à m'allouer la gratification d'une somme, dont le montant ne sera pas fixé d'avance, mais dont l'importance serait entièrement laissée à sa générosité.

Je désirerais, de plus, me voir concéder, **par engagement écrit,** ces deux faveurs : **1° que les Commandes de la France, pour l'Alimentation de sa Marine et de ses Armées devraient toujours être servies, avant Celles de toutes les Autres Nations,** et **cela aux prix MINIMA de la vente;** 2° *qu'il me soit accordé le centième des bénéfices pendant dix ans, à partir de la deuxième année d'exploitation, ou bien le millième des bénéfices pendant vingt ans.*

Il faut qu'il soit bien entendu : que le Gouvernement de la République Argentine aurait seul le Monopole de l'Exploitation de mon procédé, et qu'il ne pourrait accorder aucun brevet d'invention pour la conservation des viandes et autres substances alimentaires, se basant sur les principes que je fais connaître. »

Cela dit :

Monsieur le Ministre Plénipotentiaire,

« J'ai l'honneur de vous prier de vouloir bien me faire savoir : si vous désirez : que je vous communique mon secret de la conservation des viandes. Cela ne vous engagerait à rien.

Dans le cas de l'affirmative, vous voudriez bien me retourner signé, le billet ci-joint, et je vous porterais, *en communication, pour quinze jours,* un Mémoire, dont vous pourriez faire relever copie, surtout des passages que je vous signalerais.

« Après cela, vous jugerez, à bon escient : *que ma Proposition mérite d'être envoyée à votre Gouvernement.*

« Je resterais, moi, dans l'attente de l'annonce de sa prise en considération, et, plus tard, de son acceptation, moyennant les conditions pré-
citées ci-dessus. »

    Je suis, etc.

HONORÉ.

Professeur, Quai des Célestins, n° 2, à Paris.

A cette proposition, Monsieur le Ministre de la République Argentine
m'a répondu : « qu'il voulait bien se charger de faire parvenir mes pièces
à son Gouvernement. Mais, après les avoir vues, il a réfléchi : *qu'en
Diplomatie il ne devait pas s'occuper d'affaires*, et il m'a conseillé de les
envoyer *directement* à Monsieur le Ministre de l'Intérieur et du Commerce de la République Argentine, à Buenos-Ayres.

Je n'en ai encore rien fait.

Est-ce par suite de la persistance de mon illusion qui ne peut se dis-
siper entièrement : que *je puis peut-être encore espérer une prise en considération en France?*

Mais si cela n'arrive pas, j'aurai alors perdu toute patience, et cette
affaire sera pour l'Étranger, comme déjà plusieurs de mes précédentes.

Enfin, dernière éventualité.

PEUT-ÊTRE qu'un jour, dans l'avenir, (quand je serai à l'hôpital),
on entendra parler : **1°** de *mes* **glissoires vitrifiées,** mises en pratique par le général Annenkoff, (à qui je les ai offertes), pour être substi-
tuées à des rails, entre quelques stations à très grandes distances sans
obstacles, dans son chemin de fer du Nord de l'Asie, entre la Russie et
Pékin ; **2°** et aussi d'un autre côté, de : *mes* **conserves de viandes
cuites,** dans une cuisinerie *ad hoc,* située au milieu des Pampas de
la République Argentine.

Ce serait là comme aux deux extrémités de *la plus immense diagonale
du Nord-Est au Sud-Ouest de la Terre, en Sibérie et en Patagonie.* Tandis
que *longitudinalement* à travers le globe, **3°** une Boulangerie à **tablettes de Conserves de pain** sera peut-être établie, je ne
sais par qui, *au Nord de la mer Noire* ou *de la mer d'Azof,* en y mettant
en pratique mon procédé ; et que **4°** de l'autre côté de l'Atlantique, *aux
Etats-Unis,* Monsieur Edison à qui j'ai remis, (après 37 années de tentatives inutiles en France), *à qui j'ai donné :* la **Minute** de mon brevet
d'invention, avec la copie exacte de toutes mes descriptions et le double
de tous mes dessins, pour : **La Création de la Navigation**

aérienne, au moyen de Ptéronaves, mettra, peut-être, la chose en pratique, dans ses immenses ateliers de *Menlo-Park*, près de *New-York?*

Àlors, **mes idées passeraient dans le domaine des faits,** sur quatre points du globe, très différents et très éloignés les uns des autres; et auxquels, même, il sera peut-être ajouté : *La conservation des viandes des moutons, en Australie.*

Et tout cela, pourrait se faire, pendant que je mourrais pauvre et inconnu en France, mais en y laissant toutefois, (maintenant qu'il m'a été possible de publier un commencement de volume *au sujet de sa Fortune*). Premièrement, La Divulgation, (*pour l'augmentation du bien-être de ses habitants*), du moyen de pouvoir multiplier les récoltes des productions alimentaires, et d'augmenter, en même temps, la valeur et la salubrité de son sol, en en transformant la surface, comme je l'ai expliqué, par **l'Emploi des Siphons longues-portées.**

Lesquels permettront également la création de nombreuses chutes motrices, pour le service de l'Industrie, et ce serait là, en second lieu, une augmentation de la *Fortune Nationale*.

Paris, le 1ᵉʳ Octobre 1889.

HONORÉ.

Post-Scriptum. — Mon ambition suprême serait d'être enfermé dans la Forteresse du Mont-Valérien, et de pouvoir y rédiger, avec quiétude, la **CONSTITUTION Future de la France,** comme je l'ai dans la tête depuis de bien nombreuses années.

J'ai tellement réfléchi sur ce Projet, depuis quarante ans, qu'aujourd'hui, je crois ma gestation arrivée au point d'être mise à jour, et ce serait **pour l'augmentation du bien-être de tous les Français.**

LA TÊTE

DE LA

FRANCE

MON PLAN

DE

GOUVERNEMENT

AVEC L'INDICATION D'UNE

NOUVELLE ORGANISATION SOCIALE

VOICI L'EN-TÊTE

DE CE

SECOND VOLUME

POURQUOI CE LIVRE ?

PAR CE QUE :

Le Siècle courant ne s'écoulera pas entièrement sans une Tourmente Révolutionnaire en Europe.

Tout l'annonce!... — Elle est inéluctable! . . . .

Mais quelle sera la Gravité de cette Tourmente?. . . . . .

Quels en seront les Lendemains pour la France?. . . . . .

. . . .

. . . .

Je pense qu'il serait possible d'éviter l'Effusion du Sang,

et de faire que les Changements Politiques, qui sont Inévitables et Indispensables dans la Situation Actuelle de
l'Europe, ne s'opèrent point Uniquement par la Force
Brutale, mais, sans transition brusque, insensiblement et
progressivement, par la seule Force de la Raison.

Cela peut se faire, si les Hommes Supérieurs veulent
bien s'entendre, afin qu'il en arrive ainsi.

Pour le cas de cette éventualité, je donne ici mes
Réflexions, en désirant qu'elles puissent former, plus ou
moins, le PROGRAMME POLITIQUE que la France
peut avoir intérêt à suivre, d'ici à quelques années, pour
Orienter son Avenir.

Ce Volume ne devra donc pas être considéré comme un
Livre d'Actualité pour l'Année Présente ou les Suivantes,
mais seulement, et c'est ainsi que je le présente, comme
L'IDÉAL D'UN PROGRAMME DE POLITIQUE
SOCIALE ET DÉMOCRATIQUE, que la France va
se trouver à même de pouvoir adopter, insensiblement,
pour le : VINGTIÈME SIÈCLE.

Mais, si je prévois que l'Ensemble de mes Idées ne
pourra être mis en pratique que, progressivement, pour
cette époque éloignée, il n'en est pas moins vrai que le
perfectionnement des Rouages de Notre Gouvernement,
ainsi que les Réformes d'Abus, pourraient commencer
sur-le-champ, sans brusques transitions, jusqu'à ce que
toute NOTRE ORGANISATION SOCIALE ET
DÉMOCRATIQUE soit aussi parfaite que possible, pour
la Prospérité de notre Patrie et le BONHEUR DE
TOUS LES FRANÇAIS; et pour qu'elle puisse même
servir de modèle aux Autres Peuples, voulant, comme
nous, les Progrès et le Bien-Être.

Paris. — Imp. Vᵉ P. Larousse et Cⁱᵉ, 19, rue Montparnasse.